1

Martine MÉNARD

**Recueil de
MOTS & PERLES d'enfants.**

**Drôles – tendres
ou touchants...
On ne s'en lasse JAMAIS !**

Mentions légales

Éditeur : BoD-Books on Demand, 12/14 rond
point des Champs Élysées, 75008 Paris, France
Impression : BoD-Books on Demand,
Norderstedt, Allemagne

ISBN : 9782322202065
Dépôt légal : JANVIER 2020

Martine MÉNARD

**Recueil de
MOTS & PERLES d'enfants !**

**Drôles – tendres
ou touchants...
On ne s'en lasse JAMAIS !**

Disponible en 2 FORMATS :
PAPIER : LIVRET de 12 x 19
&
EBOOK (téléchargement)

Éditions BOD

INTRODUCTION

Par souci d'anonymat, <u>les prénoms</u>
ont été modifiés.

Les histoires et mots d'enfants
que vous lirez dans les pages
suivantes sont,
pour quelques-unes, des récits qui
m'ont été rapportés, mais pour la
majorité, ce sont des souvenirs,
qu'au fil des ans j'avais noté dans
un cahier pour le moment venu,
pouvoir en faire un livret.

Certains peuvent vous faire douter
de leur authenticité.
Et pourtant…
Rien n'est inventé !
N'oublions pas que les enfants
ont une âme pure.
Ils peuvent « *voir* » ce que nous,
adultes occultons !
(Page 34 et 36.)

Par ailleurs, méfions-nous !
Lorsque l'on croit
qu'ils sont concentrés sur leur dessin
ou sur leur jeu,
il n'empêche qu'ils tendent l'oreille
et enregistrent
ce qui se dit autour d'eux !
vous en aurez 2 aperçus !
(page 09 et 19).
Donc, si vous ne voulez pas être pris
en flagrant délit de médisance,
prudence – prudence,
le magnéto est en route !

Que ce soit le jargon des plus petits,
ou le florilège des phrases qu'ont pu
exprimer les plus grands,
leur spontanéité
ne nous laisse pas indifférents.

Cocasses, émouvantes, amusantes,
tendres et touchantes,
voire surprenantes et ingénieuses,
nos petites fripouilles

ont des expressions qui nous font
rire, font des réflexions qui nous
surprennent par leur logique,
leur observation, leur imagination…
mais aussi leur sincérité.
Ne dit-on pas que la VÉRITÉ
sort de la bouche des enfants !
Qui peut rester indifférent face à tant
de fraîcheur et de spontanéité…

Et même si parfois ils nous donnent
l'impression que nous sommes
d'une époque lointaine, des hommes
et femmes issus du moyen-âge,
voire de la préhistoire…,
on ne s'en lasse jamais !
Voici donc quelques perles et sorties
verbales entendues et mémorisées
tout au long des années…

Je vous en souhaite bonne lecture,
et… je l'espère :
bon amusement !

<u>1955 (environ)</u>

<u>Alphonse 7 ans</u>

Ses parents avaient l'habitude
d'appeler une de leur tante
« la bécassine ».

(Se dit d'une personne
qui a peu de jugeote,
extrêmement naïve et qui
croit tout ce qu'on lui dit !
C'est de la *«bécasse»*
qu'est née l'injure
«bécassine».

Tout heureux d'avoir retenu
le *« Nom »* de cette tante…
lors d'une rencontre, alors que ses
parents lui ayant fait la leçon :
« sois bien poli ! »

Alphonse, <u>tout fier de lui</u> :
« Bonjour tante bécassine »

1978

JARGON
de Justin, 2 ans !

 ←ceci était un
Laleu

Je vous présente un
Plaplat ➔

 ← Voici des
caco

et
des **Cricri** ➔

 ← puis des **Caffis**

Et en 1980 (…4 ans)
Ne mangeait pas du

Mais du

11

Été 1984

Nous étions en été
et nous avions promis aux enfants
d'aller à la plage
le lendemain s'il faisait beau !

Hélas, le lendemain, il pleut !

<u>**Justin,**</u> **8** <u>ans</u> :
- « *Ben, je comprends pas,
il pleut ! J'ai pourtant mis hier soir
l'aiguille du baromètre
sur* **très beau temps** *!* »

1984

Dimitri 6 ans
explique à Martine
qu'il préfère les dessins **ALLUMÉS**
aux films !

et au cours d'une promenade…

Oh, Martine, regarde le beau
***chwoual** !*

1985

Justin 9 ans va au restaurant
avec ses parents et ses frères.

Arrivé au dessert,
il voit dans l'assiette du voisin,
son dessert préféré :
de la **teurgoule.**
(*recette Normande de riz au lait*).

Le serveur arrive et demande :
« *Qu'avez-vous choisi
comme dessert ?* »
Ne se souvenant plus du nom exact
Justin dit :
« *Moi, je voudrais
de la* **torgueule** ».

Automne 1986

Le jour de la photo scolaire,
<u>David 8 ans,</u>
avait un gros bouton
au coin de la lèvre…

Quelques semaines plus tard,
il revient à la maison avec la
pochette, très en colère !

« *Ah, maman, quel C…*
le photographe,
*il a **photographié mon bouton** !* »

1988

David 10 ans
regarde des albums de photos
des années 1960…
Puis dit à sa maman :

« C'était triste dans ton temps ! »
Sa maman : *« ah bon ! Pourquoi ? »*

David :
« ben, tout était
en NOIR et BLANC
Quand on regarde un film
de ton temps ou du temps
de papy et mamy, c'est pareil,
vous n'aviez pas de COULEURS ! »

Pour les nouvelles générations :
le MONDE était comme maintenant :
en COULEUR !
Mais il est vrai que
les photos et les films étaient
effectivement en noir et blanc !

<u>1989</u>

<u>Justin,</u> a du mal
à se réveiller le matin
pour aller à l'école maternelle.

<u>mais la raison la voici !</u>

« *Maman,* **le marchand de sable,**
il oublie tous les matins
de venir retirer le sable
qu'il a mis sur mes yeux ! »

Octobre 1990.

<u>David 12 ans</u>,

Papy et mamy avaient un voisin
qui se prénommait **Eugène.**

<u>David </u>va avec sa tante
à une soirée loto.
Quand il fut de retour,

Il était tout particulièrement déçu
car…

« *Oh, maman, <u>j'ai failli</u> te gagner
une **lampe à EUGÈNE** !* ».

(Au lieu de : HALOGÈNE)

<u>1990</u>

Lors d'une réunion familiale,
Françoise expliquait à son frère
que son voisin était un malveillant
et un véritable C…

Jules, petit neveu, n'ayant pas les
oreilles bouchées, enregistrait la
conversation ! et en sortant,
accompagné de son grand-oncle,
Jules aperçu à 2 mètres,
le fameux voisin !
« c'est lui le C…
qui embête toujours tatie ? »
Son G. oncle, mal à l'aise :
« Mais non, il est gentil le
monsieur ! »
Mais Jules insiste et haut et fort :
Mais NON puisque tatie a dit
que c'était un C… »

<u>Avril 1990</u>

- <u>Charles 7 ans</u>…
jouait souvent au monopoly
avec ses frères.

Parfois, ils l'emmenaient
avec eux faire une partie
de flipper ou de baby-foot,
au café - tabac - épicerie du coin.

<u>Charles</u> en profitait
pour acheter
quelques bonbons.

Le buraliste ayant le cœur sous la
main, lui donnait ce qu'il voulait.

Mais un jour,
(cela commençait à faire…)

il n'eut plus le choix
et dit aux grands :

« *Votre petit frère est bien mignon,
mais je ne peux plus accepter
les <u>billets de monopoly</u>
en échange de bonbons !* »

<u>Les grands</u> :
« *Ah, voilà pourquoi
il n'y a presque plus de billets
dans le jeu !* »

Janvier 1994

« Le chat et la souris »

Raconté par <u>Charles</u> 10 ans.
(Recopié tel qu'écrit !)

« Il était une fois,
un chat qui couret
après une souris.
Le chat voulet bien
manger la souris,
mais la souris
était parti dans son trou.

Mais le chat à eu une idée !
le chat se mit contre le mur.

La souris croyais que
le chat était partis.

Mais tout à quou,
le chat saute sur la souris,
et le chat mangeras
demain matin
la souris…

Février 1995

Charles 11 ans,
Définition de **dinosaures.**
(Recopié tel qu'écrit !)

Inosaures, un mots dont le pouvoir
évocateur est solidement ancré
dans notre imagerie familière.

*Malgré son apparition
relativement récente,
il y a environ
cent cinquante ans, (!)*

24

*il est en effet chargé
de toute symbolique.*

*Prenant le relais des dragons
et autres tarasques* (ci-dessous)
*de la **mythologie enfantine,***

*les dinosaures donnèrent
corps et biens. (!)*

*Nom du dinosaure :
Ornithminidés.*

Printemps 1995.

<u>Ceci m'est arrivé</u> !
Ceux qui me connaissent
savent que je suis «**voyante** ».
En activité depuis 1992.
Je vais chez l'ophtalmo
car j'ai souvent mal à la tête
et problèmes de vue.

Après examen il me dit :
«vous êtes hypermétrope ».

Ignorante, je lui demande :
ça veut dire quoi au juste ?

…**que vous y voyez de TROP !!!**

(sans me préciser qu'hypermétrope
est <u>le contraire </u>de myope !)

<u>1996</u>

Dans les années 1990
la crise de **la vache folle** a secoué
l'Europe et nous en entendions parler
pratiquement tous les jours à la radio
comme à la télé.

<u>Charles 12 ans</u>,
entend pour la énième fois
les commentaires sur cette maladie :

*« Ah, mais ils ne sont pas bien
malins, ils n'ont qu'à l'attraper
et la tuer leur vache folle,
comme ça
on n'en parlera plus ! »*.

1998

- <u>David</u> 10 ans,
se promène avec sa tante
et dans leur conversation
parle de ce qu'il a mangé le midi.

« Ce midi, je me suis régalé.
J'ai mangé **une côte** <u>de dinde</u>
à la crème avec des champignons ! »
(au lieu d'escalope)

sa tante lui répondit en riant :
« J'espère que tu l'as bien grattée…
il ne devait pas y avoir beaucoup
de viande dessus ! »

2002

ZOÉ, 4½ ans…
prend un crayon et un papier
et
demande à mamy :

« *Dit mamy, comment on écrit :*
Martine » ?

Mamy commence à épeler :
« **M…** comme **M**aman**…**

ZOÉ :
« **Mais NONNN !**
Maman, c'est Carine ! »

<u>2002</u>

<u>Aurélien (12 ans)</u>
ami des animaux…

C'est un lundi,…
les WC sont bouchés !
Ayant eu des amis
pendant le week-end
avec leurs enfants en bas âge,
Roger leur téléphone
pour demander si à tout hasard,
leur fils qui jouait
avec des petites voitures,
n'aurait pas laissé tomber
une de celle-ci dans la cuvette
sans avoir osé nous le dire…

Ce qui n'était pas le cas…

Puis lors de la conversation,
Aurélien entend son père dire :

*« avec **un furet*,***
ça marcherait peut-être ?
Sais-tu ou je pourrais
en trouver un ? »

<u>Aurélien furieux :</u>

« pauvre bête, tu vas quand même
pas mettre ce pauvre animal
dans la cuvette des WC
pour les déboucher ! »

*un furet (ci après)
cst un <u>appareil spécial</u>
pour cuvettes bouchées.

2007

ZOÉ, 5 ans…

Nous étions en promenade
à la campagne, avec Marie 5 ans,
lorsque j'aperçus dans un enclos,
des agneaux âgés de quelques jours,
sautillant autour de leurs mamans.

Étant d'une nature à m'émerveiller
devant les bébés animaux,
j'ai toujours pour habitude de dire,
lorsque je les regarde :
« *oh, les p'tites **puces** !* »

Mais ce jour-là,
allez savoir pourquoi,
ma langue a fourché pour
«oh, les «p'tites crottes !».

ZOÉ s'est mise à réfléchir
et n'ayant pas la langue
dans sa poche, répliqua :
« alors mamy, si les bébés moutons
sont des petites crottes,
les papas et les mamans
***sont des grosses crottes** ! »*

Que répondre face une telle logique,
si ce ne fut qu'un bel éclat de rire !
et de rectifier en lui expliquant
que c'était plus joli et poli
de les comparer à des puces !

2008

ZOÉ et le cordon d'argent !
Ce récit est stupéfiant
pour un enfant de 5 ans !

Avec **ZOÉ,** nous prenions notre petit
déjeuner, lorsque soudainement elle
me regarde et me dit :
*«Tu sais mamy, il ne faut pas
avoir peur de mourir… »*

Stupéfaite, je la regarde et lui dit :
*«Ah bon ! mais pourquoi tu me
parles de ça et pourquoi ne pas
en avoir peur ? »*

En haussant les épaules elle me dit :
«parce que l'autre là,
(en se tapant sur le cœur)
*Il sort, il monte et « craque »
la ficelle casse
et il s'en va ! »*

Ébahie, connaissant ce phénomène de
la rupture du fil d'argent qui se rompt
lorsque l'âme se libère du corps,
je regarde **ZOÉ** et lui demande :

« Mais qui t'as expliqué cela ? »

*«Ben, personne,
je le sais c'est tout ! »*

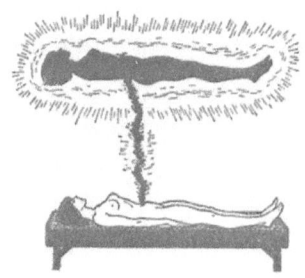

Alors, **parents :**
si vos enfants vous parlent
de phénomènes étranges,
n'allez pas les traiter
de menteurs ou d'affabulateurs !
les enfants jusqu'à 7 ans environ,
ont en mémoire des connaissances
que nous adultes avons oubliées.
N'allez pas courir chez le PSY !

<u>1987</u>

Une autre histoire similaire
d'un de mes Fils, âgé de 3 ans.

Ayant perdu 6 mois plus tôt
et à 2 mois d'intervalle.
un frère avec qui j'étais très proche…
et notre chienne…

Un soir, allant lui faire un câlin
pour lui dire bonsoir, avec **ses mots**
<u>il m'expliqua :</u>
*« tu sais maman, je viens de voir
Tonton… et Noisette ! »*

<u>Je le regarde et lui dit :</u>
« Ah bon, et qu'est qu'il t'a dit ? »

*« ben rien, il me regardait les mains
dans les poches et
Noisette était assise à côté. »*

« Tu n'as pas eu peur ? »

*« Ben non ! Tonton souriait
et puis pouf ! ils sont partis. »*

*« Mais, ils sont partis comment ?
Par la porte ? »*

« Ben non, pouf ! »
en écartant les bras !
« Partis, plus rien ! »

Étant moi-même médium,
ceci ne me surpris pas !

2009

<u>Julie 6 ans…</u>
Tatie collectionne **les fèves**
des galettes des rois.

Le papy de Julie
les collectionne aussi.

Julie est en admiration.
Son papy lui promet que,
quand le moment sera venu,
cela fera partie de son héritage.

Julie rend visite à Tatie
et voit dans la vitrine de son buffet,
toute sa collection.

Tout doucement s'approche,
et d'une petite voix
pleine de tendresse
et avec beaucoup de tact :

« Dis Tatie,
*quand tu seras **très très** vieille*
et
que tu seras partie au ciel,
*tu veux bien que **tes fèves,***
ce soit pour moi ? »

<u>2010</u>

<u>Julie 7 ans…</u>

… est dans la salle de bain
avec son papy et se regarde
dans une armoire de toilette
avec 3 portes miroirs.

 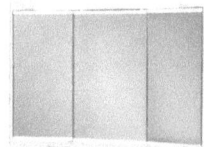

« Regarde papy !
on dirait un livre avec les photos
de mon visage ».

2012

Gatien et Marius (5 ans)

sont en promenade
avec leur papa
et prennent
l'ascenseur.

Il se trouve qu'une maman avec ses
<u>deux filles</u>, sensiblement du même
âge que les garçons, attendent
également l'ascenseur.

L'un des jumeaux
dit : *« Eh !*
vous êtes <u>3 filles</u>
et
nous, <u>3 garçons</u>.

Papa n'as pas de copine
et
<u>NOUS non plus</u> *! »*

2012

<u>Gatien et Marius (5 ans)</u>

sont en promenade avec leur papa
et croisent un passant.
Chacun leur tour :

« *<u>Bonjour Monsieur</u> !* ».

…Pas de réponse !

N'ayant pas leur langue
dans leur poche,
l'un d'eux s'exclame :

- « *Hé, tu pourrais
répondre quand on te
dit BONJOUR !* »

<u>2013</u>

<u>Corentin 3 ans,</u>

va au ZOO avec papa, mamy et papy.
Il est assis dans sa poussette…
Il voit un **lion** et dit à sa mamy :
« c'est comme un gros chat ! »

Sa mamy lui répond :
*«C'est un félin, il ressemble à un
gros chat, mais c'est un LION. »*

Arrive une autre mamy
avec sa petite fille, et lui dit :
«Oh, regarde le <u>gros chat</u> ! »

Corentin se met debout sur la marche
de sa poussette et dit haut et fort :
*« C'est pas un gros chat,
c'est un **LION** ! »*

…Non mais !

43

<u>2016</u>

<u>Corentin 5 ans.</u>

Deux de ses tontons sont
décédés et ont été <u>incinérés</u>.

<u>Les cendres</u> furent déposées au jardin
des souvenirs dans un cimetière,
entourant une église du 15ᵉ siècle.
- Lors d'une promenade,
traversant diverses communes,
il me fit cette remarque :
« Mais il y en partout
*des <u>**châteaux**</u> **des cendres** !* »

<u>Corentin comparait</u> une église
ancienne avec cimetière l'entourant,
à un petit château où
l'on disperse les centres des défunts.

2016

Mariah est **née le 1er mai** 2010.
Martine est **née le 1er mai** 1958.

Nous sommes en septembre 2016.
Mariah est invitée avec sa maman
chez Martine…
Au cours du repas, sa maman lui dit :
- *« Tu sais Mariah, Martine est née
comme toi, le 1er mai.
Vous fêtez votre anniversaire
le même jour ! »*

- Mariah très étonnée
et dans
l'incompréhension
totale, regarde
sa maman puis
Martine et dit :

*« Mais si Martine est née le même
jour que moi,
comment elle a fait pour être déjà
une mamy ? »*

<u>2017</u>

- Corentin 7½ ans, en pleine réflexion
dit en parlant de la planète :
- *« Dit mamy, la terre,
elle doit être chatouilleuse ! »*

- Mamy : *«* pourquoi *? »*
- Corentin : *« ben, avec toutes les
voitures qui roulent dessus,
ça doit la chatouiller,
et quand on lui fait des trous
avec le marteau piqueur,*

*peut-être que ça
lui fait mal,
comme
chez le dentiste !*

2017

<u>Corentin 7½ ans,</u>
se plaint à sa mamy
d'avoir l'oreille douloureuse,
de mal entendre, de bourdonnements
et de sifflements…

<u>Mamy :</u>
*«Oh, toi, tu dois avoir un bouchon
dans l'oreille ! »*

<u>Corentin :</u>
*« N'importe quoi !
Comment je pourrais avoir un*

dans l'oreille, c'est trop gros ! »

2017

Les enfants ont parfois
le chic de nous rappeler
que nous ne sommes plus
de la même époque !
A la limite, ils nous donnent
l'impression d'être
du temps des dinosaures !

GATIEN

« Dit mamy, ça existait dans <u>ton</u> temps ce mot : CROMAGNON ? »

2018

Gatien 11 ans,
mange au repas de midi,

de la langue de bœuf.

*«J'adore la langue de bœuf,
mais c'est quand même dommage
qu'il faut la leur couper…
les pauvres,
ils ne peuvent
plus manger après ! »*

<u>2018</u>

-   Mamy fait de la couture
et pour pousser son aiguille,
se sert d'un dès à coudre en métal
au bout du majeur.

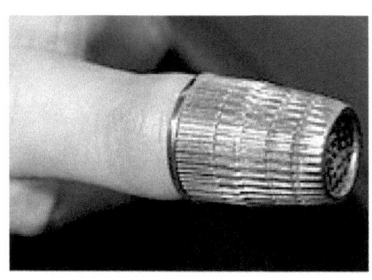

<u>Corentin</u> intrigué demande :
«Pourquoi tu mets
une
<u>petite poubelle</u>
au bout de ton doigt ?

<u>2019</u>

<u>Gatien </u>11ans…
Nous revenons de promenade
en voiture.
Papy s'arrête au <u>1er feu rouge.</u>

Un autre se trouve à 30 mètres.

<u>Gatien </u>ne voyant pas le 1er
auquel nous sommes arrêtés…

«Euh, Papy,
tu devrais peut-être
avancer jusqu'à la
ligne !
Pourquoi tu restes
si loin
du feu rouge ! »

<u>2019</u>

<u>Corentin</u> 9 ans…

Son papy lui demande :
« As-tu fait la course*
que je t'ai demandé, à Marius … »

(*expression pour dire :
as-tu transmis…)

<u>Corentin</u>
« Pff ! Marius
il court jamais,
il marche ! »

Octobre 2019

<u>Marius 12 ans…</u>

Demande à sa mamy si
HALLOWEEN
existait dans son temps !

- *«Non, mais nous avions Mardi*
***GRAS** au mois de Février…*
Est-ce que ça existe toujours ? »

« Euh, je sais pas… »

puis *:*

« Ah si ! à la cantine ce jour-là,
on ne mange que du GRAS ! »

<u>Octobre 2019</u>

<u>Marius 12 ans</u>

- Il y a quelques mois,
sa mamy lui avait raconté
que, lorsqu'elle était petite,
dans les années 60,
à la campagne
il n'y avait pas beaucoup
d'automobiles.
Mais il y avait plutôt
des calèches et des carrioles
avec des chevaux.

En revenant d'un trajet
assez long en auto,
Marius s'étant endormi,
se réveille et dit :
*« À chaque fois que la route
est trop longue,
maintenant je m'endors !*

*Et toi mamy,
quand tu étais petite,
est-ce que tu t'endormais
dans **ton CARROSSE !** »*

Novembre 2019

Corentin 9 ans …
…n'est pas un partisan
du brossage de dents.

Il doit aller chez le dentiste
pour faire le contrôle annuel.
Il est accompagné
de son papa et de sa mamy.

Déjà très angoissé
avant d'entrer dans le cabinet,
voilà que le praticien l'examine et,
oh, malheur !
lui donne un coup de soufflette
dans les dents…
Grosses pleurs.

En sortant, l'assistante dentaire dit :

*« Corentin a 3 petites caries
sur les dents de lait,
mais on ne fera pas de soins,
on va attendre qu'elles tombent.
Mais il serait bien que Corentin se
brosse les dents 3 fois par jour !
Ce n'est pas évident bien sûr
s'il mange à la cantine,
mais au moins le matin et le soir et
pendant 3 minutes à chaque fois ! »*

Il en avait encore gros sur le cœur de
son coup de soufflette et en colère.
Après avoir entendu
la recommandation du dentiste,
Il se retourne vers sa mamy
et répond :
**« Comme si quj'avais ça
à foutre ! »**

<u>Novembre 2019</u>

<u>Marius</u> se fait
« remonter les bretelles »
par mamy,
car il est mange toujours trop vite !

« Mais oui Mamy… je sais !
il vaut mieux manger
de – en – rapidement
plutôt que
de + en + lentement ! »

<u>Pour terminer ce livret…</u>

Un peu d'AUTODÉRISION !

Vous aussi n'échappez sans doute
pas aux bourdes ou gaffes
de tous genres !
Plutôt que d'avoir envie de rentrer
dans un trou de souris,
RIEZ de VOUS-MEME !
c'est tellement plus drôle !

Ci-après une de
<u>mes perles,</u>
qui, il faut le dire m'a valu
des regards de stupéfaction !

Nous étions avec mon mari, chez un couple d'amis revenant de voyage.
Ils nous montrèrent ce qu'ils avaient rapporté :
des **CORNES de PHACOCHÈRE**

qui étaient très longues et
très usées en dessous,
à force sans doute, de gratter ses défenses sur les troncs d'arbres
ou autres !

Mais moi, j'ai eu une « *vision* totalement erronée » de l'animal !

Ma réplique donc :

« Oh, pauvre bête, il devait avoir les pattes vachement courtes pour que ses cornes trainent par terre quand il marchait. Ce ne devait pas être évident pour se nourrir ! »

J'ai bien vu les regards autour de moi, et quand je me suis aperçue de ma bourde, je ne pouvais plus m'arrêter de rire !

Et CA FAIT DU BIEN !

<u>ÉPILOGUE</u>

- J'ai pris beaucoup de plaisir
à me remémorer ces bons moments
et à les écrire.
- J'espère que pour vous,
la lecture vous aura quelquefois fait
sourire à défaut de rire !

- Grâce à nos petits anges,
nous retrouvons de temps de temps,
cette période bénie qu'est l'enfance.

- Et, si souvent ils nous mettent
en colère avec leurs bêtises,
ils savent aussi y faire
pour nous remonter le moral,
car dans nos moments de déprime,
en nous remémorant ces instants

de partage, cela nous permet de
retrouver un peu d'énergie
et de mieux-être.

La vie serait tellement plus gaie
si une fois devenus adultes,
nous avions gardé cette insouciance
et cette fraîcheur d'esprit.

Parents et grands parents,
restez jeunes d'esprit
et prêtez attention à vos petites têtes
pensantes qui ne connaissent
ni l'hypocrisie
ni l'instinct de malveillance !

Retrouvez tous mes livres* ÉDITÉS
depuis 2010 sur ce lien
https://www.bod.fr/librairie/

dans la case *toutes catégories :*
tapez
Martine MENARD

*Sur TAROT de MARSEILLE
– la CARTOMANCIE
– la NUMEROLOGIE
ainsi que des prières spécifiques
aux : ANGES – ARCHANGES
– SAINTS…

<u>mais aussi</u> : des livres pour vous aider
à résoudre un **problème spécifique**…

**vous pouvez en avoir également
le visuel sur mon site :**
http://chance-aide.sitego.fr/

**en bas à GAUCHE,
les onglets de sélection**

<u>**Des NOUVEAUTÉS**</u>
<u>**sont éditées régulièrement !**</u>